JN417820

가풀막

이봉명

1956년 전북무주출생. 1991년 『詩와意識』으로 등단.
무주작가회의, 전북작가회의, 한국작가회의, 한국장애인 문인협회에서 활동하고 있다.
저서로는 시문집 『아직도 사랑은 가장 눈부신 것』
시집 『꿀벌에 대한 명상』, 『아주 오래된 내 마음속의 깨벌레』, 『포내리 겨울』, 『지상의 빈 의자』, 『지상을 날아가는 소리』, 『바람의 뿌리』
산문집 『겨울엽서』
공저시집 『겨울새가 젖은 날개로 날아와 앉았다』, 『그대가 사는 마을에 가고 싶어 편지를 쓴다』 등 다수 있음.

E-mail : sangsan03@hanmail.net

• 표지사진 : **박태진**(사진작가)

가풀막

이봉명 시집

도서출판 두엄

시인의 말

잊혀진 날들에 서서
배추흰나비를 본다
자꾸 봄날은 가고
또 곁에 있던 사람들도 갔다
하얗게 왔다 하얗게 갔다
배롱나무 꽃이 피었다
긴 장마가 끝났다
촘촘히 꽃을 물고 늘어진
빛나는 눈물처럼
단단하지 못한 내 골격을 두고
찢어진 고무신을 끌고 걷는다
너는 오래전에 가고 돌아오지 않았다
나만 남아서, 남아서, 남아서
무엇을 또 해야 하나
가풀막을 또 가야할 때
마스크는 꼭 써야하겠다

2020.10. 가을이 시작되는 날
이봉명

차례

1부 | 지상의 어느 풍경

2부 | 하얗게 피고 하얗게 진다

3부 | 그 빛나는 눈물처럼

4부 | 단단하지 못한 생의 골격

5부 | 찢긴 자는 길을 걷지 않는다

제1부

지상의 어느 풍경

배추흰나비

봄, 봄, 봄
배추흰나비 한 마리 날아왔다
여기 저기
꽃잎 날아와
꽃잎 날아갔다
푸른 배춧잎 뒷장에 하얗게 점점점점
몇 마디 적어놓고 날아갔다
잘 영근 씨앗 푸른 배추 꿈꾸고
하얀 흰나비, 푸른 배춧잎 갉아먹고
꿈틀꿈틀 커갈 푸른 배추벌레 꿈 박아 놨다
배추흰나비 금방 들통 날 속내 감춘 채
봄날은 잘도 간다
여기 저기 배추흰나비 날아왔다
저기 여기 배추흰나비 날아갔다
배춧잎 뒷장 점점점점
말문 막힌 배추흰나비

잊혀진 날들에 서서

이상도 하지 불빛 흐린 마을에 닿으면
변심한 여자 눈빛처럼 당치도 않은 꽃 피는 거야
담장 밑으로 낙타의 물결처럼 개미들 갑자기 어디론가 떠나고
촘촘하게 그물 던지고 있을 거리의 악사에게
혼미해진 채 꽃 피고 지지 않거든
긴 여행에서 돌아온 여자
세상은 스스로 몸 푸네
강물이 잠자던 자리에 바다의 손톱 짐승처럼 뻗쳐 들었다
내 꽃보다 남의 꽃 피고 지는 무성한
도시의 축제의 마당 비겁하게도 꽃다발 던지는 자여
세상의 온갖 혼을 불러들여 칼춤을 추어야지
무던히 부끄러운 그 꽃 피어서 붉은 꽃처럼 피고 지고
산과 들 강과 바다에 이르러 꽃잎 흐른다
미수 할미의 간절한 기도 없이
배반한 시절 스스로 넘어지고 자빠지고
어느 역사의 끝장 찢고 있다
너는 끝까지 잊으면 안 돼

봄날

꺽꺽 푸드덕 장끼 날아갈 때
아로롱 까투리 따라간다

꽃샘추위에
반늙은이 얼어 죽는다

처삼촌 묘에 벌초하듯
호박씨 까서
한입에 털어 넣는다

봄비 7

개벼룩 씹듯
개미가 거둥하면 비가 온다

가까운 산이 멀리 보이면
날씨가 좋고
먼 산이 가까이 보이면
비가 온다

고추장 단지 열둘이라도
서방님 비위 맞추기 어렵다

또, 봄날은 간다

더듬어 산을 올라가는 바람의 싱그러움으로도
마을 따라 강물 흘러감으로도 그립고 눈물겨운
작고 낡은 집 창문을 열고 시리도록 눈부신 꽃 피었다
아이가 가꾸어 놓은 꽃밭
여든일곱 외할머니가 일궈놓은 텃밭
그 중간 사이에 부끄럽고 아직 잊지 못한 첫사랑과도 같은 꽃
앞서거니 뒤서거니 피어서 세상 짐을 한껏 짊어지고 있다
꽃은 피어서 눈 뜨고
꽃은 지어서 그리울 때
내 안의 기억 속 무성한 숲 그늘에 허리 굽은 적적한 어머니
주름살 같은 고랑을 파고 꽃씨 한 줌 뿌린다

나팔꽃

안개 속에서 눈 뜬다
이슬방울 습한 아침
아가의 칭얼거림과도 같이
불 밝히듯 창문 활짝 열고
일상의 작은 소리 끌어 모아
그 사람 마지막 사랑인 듯
참으로 슬픈 날 몇 개의 구도를 잊지 않고
살다 보면 다 못한 말이 얼마나 많았으므로
모든 꽃과 나무 빛나는 열매를 제치고
지상의 어느 풍경
죽어서 다시 돌아오지 못할 마을
그 간절한 기다림의 등살에, 겨우
꽃 피고 있는 것이었다
기어이, 꽃잎에 유서 한 장 써두었다

민들레

흙은 흙대로 꽁꽁
이른 아침에 돌아눕고
잎은 잎대로 안간힘 쓰고
눈 뜨네 눈을 뜨네
꽃잎 속에 또 꽃잎
햇살 끌어 모아 불끈 힘주면
홀어미 적삼 밑 슬쩍 밀고 나오듯
눈물 같은 이슬 적시며 꽃잎 밀어보네
어미 입가에 살며시
꽃잎 민망히 피었다 하여
적상산 푸르고 붉고 하얗네

벚꽃

지랄 맞도록
화려하게 피었다가
그렇게 지는 꽃
그 꽃 뉘 꽃인지
이 집 기웃 저 집 기웃
제 풀에 지는 꽃
꽃처럼 피려다
꽃처럼 진다

자꾸, 봄날은 간다

얕은 강 건너는 여자,
강 건너다 자주 뒤 돌아본다
가던 길 다시 돌아보며 강 따라
굽은 산길 흘러간다
요즘 들어서 꿈 없고 잠 없는 밤
길어지면서, 여자와 강 건너고 있다
금낭화 지겹도록 곱게 피었다
소쩍새 날 밝도록 울었다
고라니 새끼 목 찢어지게 울며 산을 올랐다
이따금, 못 견디게 말참견하고 싶어질 때까지
산에 피는 꽃, 강에 피는 꽃
수두룩하게 피고, 지고
은근슬쩍 돌아누웠다

봄날은 또 간다

살아온 날 많을수록 깊어진 수심 더할수록
제 이름 부르며 우는 새
네 안에 가득한 조각난 꿈을 꾸고 이제 돌아눕지 않아도
깊이 잠이 든다
발걸음 멈추고 꽃 속 꿀을 나르는 꿀벌의 일정에 빠지고 나면
무심히 잊혀지고 만 친구의 얼굴 꿀벌과 같이 떠오르는 오후
도회지 변두리 공원 촘촘히 핀 꽃도 흡사한 얼굴로 떠오르면
너는 지금 시대의 늘어진 초침을 따라, 황사먼지 자욱한
그 거리 마지막 찻집 찻물을 데우며
끝내 봄날의 나른한 시대의 일기장 자꾸 뒤적이고 있겠다
살아갈 날 셈할수록 점점이 찍고 갈 발걸음
무수하리니, 무수하리니

내 이름으로 봄날은 또 간다고 편지 쓴다
꽃잎 가득 넣어 보낼 편지를 쓴다

꽃이 진다 3

꽃 피고 꽃 지고
사람 오고 사람 가고
이 봄에

꽃 핀다고 웃다가
꽃 진다고 울다가
마당골 언덕 위
꽃 지기 전에
사람 또 가고

꽃 피듯 사람 오고
꽃 지듯 사람 가고
봄날은 간다

꽃 피면 사람 오고
꽃 지면 사람 가고

오고 가는 일

봄 오고
봄 간다

꽃이 진다 2

꿀벌은
다 먹지 못하면서 꿀 모으고
다 건네지 못하면서 편지 쓰고
다 떠나지 못하면서 길 떠나고
어디 그리 바쁘게 꿈속 달려가더니
시방, 아득한 어느 변방에서
여자 손을 흔들고 있다
이젠 햇살 가득한 봄이었으나
서로 눈부신 거리에 나와
늙은 여자처럼 돌아 앉아
저 나무 흔들고 있는 바람 뒤에
사랑이나 이별의 두려움처럼
붉은 꽃잎 한 장 떨어진다

꽃이 진다 1

입하가 내일모레
살며시 여자가 문을 밀고 있다

초가집 헐어버리고
봄날 아침 내내
주섬주섬 보따리 싸더니
아뿔싸, 젖은 옷섶 사이로
콧물 떨어진다

구겨진 헝겊 한쪽으로 삐죽이
지나간 길 다시 짚으며
예순넷 여자 얼굴 비껴서
붉은 꽃잎 지더니
당신처럼 늦은 봄날은 간다

능소화

늦지 않게
가만가만
밑으로 꾹
눌러 두었더이다

너무
늦도록 눈물 없이
피를 쏟았더이다

여자가
한을 품으면
너무 붉어지더이다

둥지

그때, 어둠을 밀고 새벽길 걷고 있다
움켜쥐고 있는 가슴속
두 알, 아니 세 알이던 알 꼼꼼히 자리 옮겨가면서
첫사랑 같은 새 새끼 까기 위하여
바다 냄새 큼큼한 바람 부르고
뜬금없이 펑펑 눈물 쏟았던 그 거리
가로등 밑 온기를 끌어 모아
저녁밥상 둥그렇게 모인 식구들
꽃씨 같은 이야기 담아서 품었으니
지금 빛나는 새 하늘 푸르르 날아갈 몇 마리 어린 새
음, 저들도 꿈꾸는 창공 날아야지
뜨거움, 허기진 배 끌어안고
한때 오래 간직하고 싶은 세상을 향하여 날아가야지
새의 욕망은 사람을 밀쳐 내기에 아직도 너무 뜨겁다
그 둥지를 떠나 네 곁에 있으면 끝까지
새는 날아야 한다

천수답

천둥지기 열 마지기 부잣집 아들 아버지는
징용 갔다 돌아오다 낙동강 모래톱에
앉아 울고 있는 여자 데리고 와 산다
열 마지기 논에 배곯지는 않을 거라 믿고 온
여자는 물길 닿지 않는 산골짜기 꼭대기 앉아
그 펑펑하고 기름진 찰배미논 물끄러미 보다
잠들면 찰랑이는 물 논에 손모가지 비틀어지도록
모를 꽂는다, 시할아버지와 시동생까지
열 한 식구 목숨 줄 천둥지기 갈라진 논바닥으로
여자의 숨 고르기가 오뉴월 햇살처럼 박히고 나면
얼어 죽을 쌀밥 그릇에 숟가락 몽댕이 꽂는 소리
하고 자빠졌다고 아버지는 와장창 사립문 걷어차고
나가버렸다 쇠파리 좆같은 성깔의 아버지
높드리도 없는 자식들 배곯는 소리로
오뉴월 밤이 새도록 하늘도 천둥치며 울고 나면
갈라진 논바닥 사이 뼈마디 쑤시듯 물이 스며들었다

뽕잎

고혈압 내려준다 당뇨 예방에 기똥차게 좋다 노인 치매 예방한다
골다공증 예방에 좋아 뼈를 튼튼하게
그것 또한 사는데 큰 지장 없을 것 같다
된장 꾹꾹 눌러 싸 먹고, 썰어서 비벼먹고 우려먹고
어느 오후 꿀맛 같은 낮잠에서 깨어나 열 손가락 사이사이, 열 발가락
사이사이 몸 구겨 넣고 실 풀고 있는 것이다
달고 맵고 싱그럽게 뽕잎 먹을 때부터 줄줄줄줄
실이 나올 것 같았다
뒤 돌아보았으나, 번데기 앞에서 주름잡는다 빈 소리 해가며
어린 날 뽕잎 빗소리로 먹고 커 가는 그 징그럽던 누에가 될 줄이야
뽕잎 먹고 누에가 되는 것보다 밥 먹고 사람 되는 것만큼
그리 만만치 않은 일
정말 간단치 않은 일

그리 될 수 없는 일이
자꾸자꾸 부정할수록 실은 더 부드럽고 촘촘하고 유연하게
비단실 나오고 있을 때
입으로 실 뽑는 누에와는 달리 나는 건성건성 느슨하게
금실 뽑는 별종의 시퍼런 깨벌레 한 마리 커가고
있었던 것이다

제2부

하얗게 피고 하얗게 진다

매미

유월 열아흐렛날부터 매미가 운다
그늘 아래 몇 놈이 모여
동네 몇 놈을 쥐어 패고 나면 그만큼
한 철은 시원하게 지나가고 마는 것
찬물에 발 잠그지 않아도
여편네 불러 두레박 등물 하지 않아도
유월은 건성건성 비탈길을 잘도 가고
일생은 목 놓아 울어도 가고
한평생 절뚝거려 가노라면
자지러지거나 어느 잔뼈가 분질러지기도 하지만
여전히
다시 만날 일 없는 연분은 유월 한 철의 뜨거움만으로도
다 타고 말았다

소서小暑

더위 먹은 소
달만 봐도 헐떡였다
자식 떼어놓고 가는 어미는
걸음마다 피가 고인다더니
송아지 떼어 놓고 가는 어미소
발자국마다 피울음 밟으며
강을 건넜다
코밑에 다가 선 초복 더위에
질끈 눈을 감고 물을 건너자마자
저 먼저 엎드려 울었다

흰 배롱나무 꽃

껍질 긁으면 움직인다
간지럼나무라 하얗게 웃는 건 아니다
배롱나무
배통나무라 자꾸 우겨댔더니
양지바른 땅에 뿌리내리며
이 땅에 무식하게 꽃 핀다
하얗게 피고 하얗게 진다
붉은 껍질 벗으면
이내 하얗더니 꽃 피고
꽃 지고 나면 씨방 안고
하얗게 날아가고 있다
너도 날고 싶었구나

백수련

한여름
잔잔한 물과 아주 천천히 흐르는 물 위
흰 꽃잎과 밝은 노란색의 수술
새하얀 꽃 띄웠다 빛나는 둥근 잎을 가지고
물속 아래 그늘을 드리웠다

작은 수염뿌리가 진흙에 자리 잡고
물을 빨아올리면, 숨을 쉴 때, 아침에 펴서
해진 늦은 오후에 옷 벗는다
뿌리가 밀어 올린 꽃잎과 이파리 뒷면
딱정벌레, 달팽이
이른 새벽 꽃이 피고
늦은 오후 꽃잎 지고
예수처럼 물 위를 걸었다

배롱나무 꽃

젖먹이 자식새끼 밀쳐두고
새벽바람처럼 살그머니 집 나간 여자
배롱나무 꽃 피었다고 올 리 없지
저 꽃 지는 석 달 열흘하고
스무날이 지나도
꽃이 피었다고
꽃이 지었다고
집나간 경자년 다시 올 리 없지
나무껍질 부드럽고 얼룩얼룩하다고
분홍 꽃이 도는 회색을 띤다고
그 껍질이 매년 벗겨진다고
집 나간 여자 사랑이 너무 슬프다고
절대 돌아올 리 없지
자꾸 꽃 피었다가
자꾸 꽃 지었다가
경자년 뒤 안 돌아보고 싶은 게지
배롱나무 꽃 대통 맞게
석 달 열흘하고
스무날 피고 진다 하겠지

여름비 3

가을에 중 싸대듯
가뭄에 도랑 친다

가재 물 짐작하듯
간에 붙었다 쓸개에 붙었다 한다

가난한 집에 자식이 많다
가뭄 끝은 있어도
장마 끝은 없다

소낙비

공술 한 잔 보고
십리를 간다

관청 뜰에 좁쌀을 펴놓고
군수가 새를 쫓는다

둘째 며느리 들여야
맏며느리 무던한 줄 안다

감자

눈 찾아 감자 묻은 거다
온갖 담보나 보증서 아니라
세상을 눈 씻고 봐야 할 그 눈 골라
잠시 가던 길 멈추고
여든여덟 징집에서 살아 돌아온 아버지의
오지랖을 되작이며
세상의 집 한 채 없이 눈부신 아침
꾸벅꾸벅 졸음 이기지 못한
그 눈 잘라야 한다
동네방네 걸신들린 여자 훔쳐본 눈
기역자도 모르는 어두운 눈
어느 날 잠에서 눈 비비고 일어나
딸 잡아먹고 밝게 뜬 심학규의 눈
사막을 건너오는 낙타 발자국 소리 들으며
호미처럼 굽은 내 어머니 생각하노니
밭고랑에 넘어져 무릎에 흐르는 핏방울
가만히 생각해 보면
나는 문득 눈시울 적시며
감자 캐는 여자를 보고 있다

7월에는

7월 밤, 꽃 지는 길에서 길을 찾네
스스로 기울어지고, 스스로 눕고
스스로 지는 꽃은 다시 피고, 다시 지고
세월 같은 아이 곁에서
영원처럼 꽃으로 피고 지고 묻고
바람결에도 몸 흔들고, 비에 젖으며 눈 뜨고

아이는 마냥 피고 지고 영글고
엎드려 연필 꾹꾹 눌러 편지를 쓰네
꽃은 꽃 편지, 아이는 아이의 편지
저 산에 꽃 피며, 저 들에 꽃 지면

7월엔
곳간 가득 영근 열매 모아 둘
가을로 달려갈 것이네

초복
– 개꿈에 대하여

산에서 이곳저곳 떠돌아다니던
어린 고라니 한 마리 서 있는데 내가
두 눈망울에 금방 빠져
누구도 구할 자가 없으므로
그것이 가는 대로 따르고 끌려갔더라
내가 생각할 때 그 고라니 새끼는
저 산 넘고 그 강 건너와
이 마을 저 마을 두루 뛰어다니며
두 눈 사이에 현정한 근심이었는지라
또 내가 본즉 그것이 고라니에게
가까이 접근하여서
땅에 엎드러뜨리고 짓밟을 수 없는 것
도망칠 힘이 남아 있지 않으므로
그것이 먼 곳으로 뛰어갈 량은 보이지 않았다
한 입에 먹음직도 하고 보암직도 하여서
입 가득 군침 고여, 벌떡 일어났더니
내가 잠에서 깨어나 본즉, 사람의 눈이
내게 겨냥되어 있어서

오늘 그 첫 복이 근처에 임한 줄 알았더라
어찌하여 간담이 서늘하였더라

소나기

산은 문득 눈가를 적시더니
온몸을 슬며시 감추고
풀숲의 기운 끌어올려
마흔아홉 여자 성깔처럼
우두둑 옷섶을 잡아 뜯는다
세상은 아는 듯 모르는 듯
성급하게 내딛다 보면
희미한 옛사랑이 그리워지기도 한다
눈치 없이 오후 한 순간
약속시간도 분간 못하도록
물줄기의 뼈가 선명하게
땅에 꽂히고 있다, 나도
한때 저처럼 울고 싶었다

비 오는 날

매미가 운다
빗속에서 우는 매미
눈을 뜨지 않는다
속옷 젖지 않는다
젖은 소리로 운다
여울물 소리로 운다
바닥을 긁으며 운다
창문 여닫는 소리로 울다가
꽃 봉지 찢는 소리로 운다
모가지 꺾여 울다가
허리가 꺾여 울다가
낡은 거미줄 주렁주렁 울다가
하루 종일 비긋는 소리로 울다가
울 듯 울 듯 서 있는
예순 다섯 나이로 울다가
끝내 그 비 그치자고
매미는 매미대로 울고
비는 비대로 운다

비가 내리네

비 온다

예의 없이 반말했더니
더 세차게 내린다
그러면
비 오신다 다시 말하면
저 비 그치시려나

젖은 바짓가랑이 사이로
바쁘게 빗물 흘러 흘러
냇물 이루고, 냇물 흘러 흘러
강으로 가고 나면 금방
서해바다 어느 작은 섬마을 아이
손목까지 적시려나
섬에서 자란 아이 동그란 눈
깊은 산속 작은 마을
불편한 아이의 발목에 콕
닿으려나, 초롱한 그 눈

빗물처럼 자꾸 적시려나

비 오신다

장마

가난한 양반 향청에 들어가듯
날이 꾸물거리더니
늦은 저녁부터 빗방울 들었다

가루 팔러 가니 바람 불고
소금 팔러 가니 비가 온다고
미수의 노인네가 종일 구시렁댄다

개 잡아먹고 동네 인심 잃고
닭 잡아먹고 이웃 인심 잃는다고
되지도 않는 말 곱씹으며 비가 내리면
저녁나절 뜬금없이 눕는다

거짓말하고 뺨 맞는 것보다 낫다고
칠월 끝의 걱정 다 뭉개 버리듯
비는 그칠 줄 모른다

하늘을 보나 땅을 보나

깃털도 안 난 것이 날기부터 하려 한다
강으로 달려가다 보면
곁보리 서 말만 있으면 처가살이 안 한다고
종일 구시렁대며 비가 내린다

여름날엔

물밀듯 밀려들어온 여름
산과 들, 계곡으로 밀려가는 사람
세숫대야 가득 여름 담고
발가락 사이의 때 밀어내거나
손톱 사이의 마른 때 불리며
젊은 날 때늦은 후회 밀어보거나
밀고 당기는 나른한 여름 한 나절
그냥저냥 어머니의 허리 통증처럼 지그시 견디고 있다
코로나19 바이러스에 쫓겨서 숨 쉴 곳 없는
긴 여름 한 때 아이들 저마다 모략을 꿈꾸며
주섬주섬 짐 들고나가고 어느 외딴마을
나무 그늘진 언덕 바윗돌 굴리거나 계곡 밑
돌 틈 비집고 손 넣기도 하면서
영락없이 이전 옛날 아이들의 꿈 뒤적거려 보기도 한다
그래, 비 내리는 마을마다 뛰어가 궂은 정막을 흔들면서
한적한 마을 어질러진 짐을 챙기는 동안,

땀방울의 무게를 훔치거나 나른한 시간의 속도 견제해
가며
끈적끈적한 오후 누르고 있다

중복
- 코로나19

때늦은 것은 없다
그때가 바로 오늘이다
잠시 엎드려 있겠다
음기가 양기에 눌렸다, 또 엎드렸다
더운 기운 너무 치솟는다
그렇다고 일어서지 못하고 자꾸
엎드려 있어 복날 개 맞듯 맞고 있을 때
젊은 시대 어깨가 통증을 감지한다
여보게, 조금만 있어봐
여태 정말 간신히 견뎠잖아
가고 오고 뛰어도 지금은 무작정
바짝 엎드려 있어야 할 때
개와 남자와 여자들 무리 지어
뜨거운 강 건너고 있다
강바닥 기고 있다

복숭아

복 있는 자 먹지 말지어다
숨은 자가 돌아앉아 먹어도 좋은 열매
답답한 어느 도회지 변두리
늙은 농부의 가계 간신히 부둥켜안고
아비 적부터
가난한 마을 우두커니 지키고 서 있는
칠백 년 전 망부석이었는지
지나가다 잠시 머문 여자네 집과
아흔셋 김계식 씨에게 물어볼라치면
우리 어느 뼈가 되었다는 가문의 전설
그 나뭇가지 끝을 흔들고
고목나무 붙들고 여전히 마을과 사람
당산나무의 비밀처럼 분명하지 않다
묻지 말아 달라고 붉게 붉게 익어갈
그 몇 날의 시간 동안 사람 곁에서
첫소리 없이 무너지고 만다
복 있는 자 먹어도 먹지 않아도
복 받을 지어다

강냉이

낡은 집 헐어버린 오래된 빈터
아무리 호미질해도 마른땅이다
닳아버린 호미 내던지며, 4월 초의
그 땡볕 훔치며 지나가던 할머니와도 같이
여자는 지층 깊은 곳으로 무덤을 파서 묻고 묻고
또 자꾸 묻었을 그 습한 날은 지나고
오지랖 넓게 봄날은 지나간다
가만히 눈여겨 바라보면 어머니는 나를 업고
어느 집 빨랫줄에 가만가만 매달렸을 것이고
어머니 등에 업힌 아들의 가느다란 다리를
만지며 울었을 것이고, 마치 7월의
뜨거운 햇살을 등지고 서 있는 강냉이처럼
들먹이는 어머니 마른 등에 매달려
어깨를 붙들고 잠들었을 것이다
7월은 자라는 모든 것 부추겨 햇빛 쏟아부었고
비를 찔끔거렸으나, 반짝이는 여자의 호미질
거스르지 못했을 것이고, 밤마다 별 헤느라
잠들지 못했을 것이므로

어젯밤에도 그제 밤에도 강냉이 삶아 주던 여자
무슨 내막 인지도 모르고 강냉이 물어 뜯어먹다
저 혼자 눈물 훔치는 남자 흘끔 쳐다보았다

옥수수

홀어미 텃밭 열다섯 고랑 사이
허리 굽은 여자 앉은뱅이 의자에 앉아
개똥 들고 호박 구덩이 가는 남자 쳐다본다
구시렁거리며 옥수수 씨앗 묻는다
일생에서 가장 무거운 짐 들쳐업고
가장 무서운 보리 고개 질러 왔으므로
간혹 첫사랑 못 잊은 여자의 등뼈처럼
길 잃고 떠돌아다니는 남자 기다리고 있다
어느 몸 저 깊은 곳
신음소리 들으며 자라고 있을 것이므로
빈속을 채울 수 없을 때까지 가득
누르고 다지고 있을 것이므로
오랜 기억의 어느 마을 어머니
누르면 아프고 눈물이 솟는 것을
가만히 바라보고 있어야만 한다
해지는 저녁 늦은 시간까지
분질러 껍질 벗기고 있는 옥수수
여자는 제등에 업혀 자라고 있는 사내처럼

잘 영근 옥수수 슬그머니
내밀고 싶었던 것이다

폭염주의보

폭우의 장마가 끝났다
북태평양 기단 가장자리 고온다습한 날씨 며칠씩
몇 주 동안씩 계속될 것 같다
온열질환 예방으로 물 자주 마실 것,
더 무더운 시간대에는 휴식 요할 것
폭염특보 확인하여 폭염시 야외활동 자제,
자제들은 부모님께 꼭 안부전화해야 한다
시골마을 어미나 아비 혼자 두고 온
자제는 자제해야 한다
자제가 그 자제인지 분간하지 말고
꼭 마스크 착용해야 한다
폭설주의보 때, 식은땀 뻘뻘 흘리며
싸리나무 싸리비로 눈을 쓸고
폭우주의보가 나오자 땀인지 빗물인지 범벅이 된 채
여기저기 물꼬 터 준다
폭염주의보, 찢어진 고무신 끌고
예순넷의 여자는, 팥죽 같은 땀 흘리며
폭염이 내리 쌓인 이 길 저 길 온 동네

싸리나무 싸리비로 쓸고 있다,
무지막지하게 폭염은 거리를 뒤덮고,
사람과 사람의 발길 막고 이 여름의 끝 날
예순 하고 다섯 살 먹고 나면
순직하게 쓸어내고 있다
폭염의 무더기를

말복

질척거리던 빗방울 그치자
눈두덩이 퉁퉁 부은 채
닭이 울기 전
사람은 헛기침 한번 없이
마을을 떠났다, 짐승이 먼저 산을 넘자
홰치기도 전 날이 밝고
변두리 풀잎 밟고 있는 그 속살
또한 그 잠 깬 마을로
새는 무수히 날아간다
살과 뼈 부둥켜안은 채
숲을 떠나 멀리 달려가고 있는
어린나무, 아이처럼
일어나라, 때때로 등뼈 보일 때까지
살아있는 온갖 것은
일제히 실눈을 뜬다
후미진 칠월 한 달 그 끝물
대밭 바람소리로 넘어지고 만다

제3부

그 빛나는 눈물처럼

바람의 행적

바람은 날개 접고
늙고 배고픈 오후 반나절만
젊고 튼튼한 나뭇가지 붙들고 있다
뿌리는 잡다한 기억을 접으며
이백 년의 마을에 조용히 둥지 틀고
초닷새 흔들리는 날 씨앗 뿌리며 검푸른 들풀들
꽃피는 하루 견뎌야 할 세상 이슬에 묻어 내린다
지난밤 서로 얼굴을 만지며 가시밭둑 맨살로 더듬어 가던
풍뎅이나 실잠자리가 평형의 잠을 자고 있다
살아 꿈틀거리는 약속은 반쯤 뜬눈으로 침묵한다
뿌리는 뿌리 붙잡고 내리고
바람도 서로서로 손 맞잡고 세상의 마을 떠돌며
더 깊고 넓게 뿌리내린다
새파랗게 흔들리는 젊은 날 위하여
여전히 무성한 실뿌리 내리며
들풀 사이사이, 숲의 어린나무 사이사이
식은땀 흘리며 깊숙이 뿌리 뻗는다
푸르게 일어서기 위해 바람은 거리 넓히고 있다

저물 무렵 3

동쪽에서 서쪽으로 벌써 해는 지고
서둘러 새도 아이도 손 털고
집으로 돌아갔다, 널어 말린 이불 걷고
새댁도 설거지까지 끝내는 꽃잎 떨어지는 순간
이제, 멀리 출타 중이었던 예순다섯
혼자된 남자 여태 보이지 않는다
살아있는 동안 절뚝거리며 간신히 집으로 돌아와
몇 개의 전등 켜고 나면 어둔 그 길 돌아갈 날보다
이제 불 밝게 열어둔 내 집으로 훨훨
날아갈 수 있었으면 좋겠다,
내가 세상에서 절뚝거리며 걸어온 모든 날
다 잊어버리고 집으로 가는 그 무렵
세상에 불타는 것 쓰다듬고 있나니
잠들고 싶은 자, 떠나고 싶은 자
서둘지는 말아야지, 침묵하지 말아야지
이 무렵 어둔 세상 모든 길마다
등불 하나 켜 둬야지

처서處暑 1

친손자는 걸리고
외손자는 업고 간다

싸리나무에 붙은 고추잠자리 잡아
외손자 들려주고
가죽나무에 붙은 말매미 잡아
걷는 손자 준다

처서가 지나면 풀도
울며 돌아간다

허리 굽은 여편네 고무신
부뚜막에 엎어 놓는다

외경 1
– 호박국 3장 끝절

비록 나의 곡식창고가 비어 있으며
단감나무에 열매가 없으며
강냉이 밭에 소출이 없으며
무밭에 먹을 것이 없으며
꿀벌통에 꿀이 비어 있으며
닭장 속에 닭이 없을지라도
나는 당신으로 말미암아 호사를 누리며
나의 여자 당신으로 말미암아
행복하리로다
끝 날까지 함께 살아가는 당신은
나의 힘이시라
나의 손을 부드럽게 하사
나의 높은 눈으로
하늘을 날게 하시리로다

입추 3

자식 기르는 것 배우고
시집가는 년 없고

죄는 천도깨비가 짓고
벼락은 고목나무가 맞는다

가을밭에는 딸을 내보내고
봄밭에는 며느리 내 보낸다

딸의 시앗은 가시방석에 앉히고
며느리 시앗은 꽃방석에 앉힌다

그해 가을

바람도 없는데
눈물도 없는데
사람도 없는데
덕유산 적상산 백운산
저희들끼리 손잡고 붉어지네

논과 밭 비탈진 언덕
끼리끼리 눈짓 손짓 발짓하더니
열매 단단히 영글어 가고
머리맡에 푸른 하늘 떠받치고
가장 늦은 저녁 무렵, 길모퉁이 쪽부터
불면의 깃발 흔들며 달려 나오는
어린 날의 아이들은 눈 반짝이고
집 밖에서 몇 겹 씨방
더운 날 땀방울의 무게 재지 않는다

바람도 없는데
눈물도 없는데

사람도 없는데
저희들끼리 영글어 가고
자꾸 붉어지네

가을비 7

산은 오를수록 높고
물은 건널수록 깊다

감나무 밑에 누워 입에
홍수 떨어지기 기다린다

강물이
돌을 굴리지 못한다

뿌리 2

물은 강을 버리고 바다로 간다
바다로 흐르지 않는 물은
물밑에 씨 묻으며
강의 둔치에 뿌리 뻗어
풀등을 꿈꾼다
쪽다리 밑에서 시나브로
두 다리 쭉 펴고 메밀 눈 가진 아이들
둘레둘레 모여
이백 년 전 어린 임금의 상투 틀고 나와
손부터 뻗는다

나는 날고 싶다

자작나무 이파리 반짝반짝 수런거리는 그 숲
강을 따라 올라가는
수백 년 전부터 그립고 쓰린 가슴 하나
꽃 피고 지고 제 이름으로 새 울었으리
아직도 생각을 접지 못한 짐승
마을에 닿으면, 이 집 저 집 굴뚝의 온기
여든일곱 가구의 인심처럼 솟아오르고
여태까지도 깨어 잠들지 않는 호롱불빛
어느 유성을 따라 달려갔나 보다
고려의 마지막 명장의 성벽과도 같은
적상산 그늘에 웅숭거리고 앉아
이녁의 주름살 같은 밭고랑에 씨 뿌리며
가는 자와 남은 자 사이 번갈아
때때로 사는 자 죽은 자의 거리
재빠르게 측량했으리라는 것
그리운 사람처럼 떠나는 자
눈물처럼 떨어져 남아 있는 자
비상하는 새떼 따라 날고 싶은 것이리라
새도 너도 모두 마을 떠나고 싶은 것이리라
나는 날고 싶다

처서 2

두런거리는 풀밭을 지났다
바람도 숨 고르고 멀찌감치 집을 나섰다
숲은 한때 몇몇이 모여 남쪽의 성질 급한 자의
기별을 전하고 난 뒤 침묵으로 입을 닫았다
숲의 가장자리 타고 내려 마을로 뻗는 강줄기
스무 몇 살 젊은이들 하릴없이 바쁘다
말 응대 없이 길을 나서는 어머니와
말 꾸지람만 비벼 넣는 아버지
열닷새 째 말문을 닫았다
지금은 세상 어느 작은 마을 변두리까지
코로나19로 거리 재고 있는 중
사람의 사이를 무한대로 넓혀가야 할 때
모기도 입이 비뚤어지고
모두 입 비뚤어져 어정칠월 건들팔월로
몸의 열기를 적당히 처분해야 할 때
땅에서는 귀뚜라미 등에 업혀오고
하늘에서는 비바를 보내고
또 마이삭을 밀어 올리고 있다

거미

하늘에
촘촘히 그물 하나 걸었다

익은 열매 쪼아대는 까치
서둘러 길 떠나자 재촉하는 까마귀
이 나무 저 나무 건너 늦잠 든 마을 깨우는
산까치 무리들 향해 그물 걸었다
시대의 막간 걸고넘어지는
사람 사는 동네, 저 허파 뒤집힌 자들
인간이 사는 마을마다 더럽히는 시정잡배들
촘촘히 그물 걸었다
거미는 어느 빈혈의 골목 불 밝히고
더 촘촘하게 시세와 눈물까지
주렁주렁 매달고 싶은 것이다
더 높고 깊고 넓게
또 오만하게 실을 짜
튼실한 그물 하나 걸었다

꿀벌의 침

웽 웽 웽 날아서
사는 동안 병원신세는 안 졌으면 좋겠지만
꽃가루 넘실넘실 받아내던 여자
순간 마주친 그 녀의 눈빛 속
섬뜩한 칼날 하나 비집고 나왔다
언제나 중심 잡으려고 기우뚱거릴 때마다
세상의 어느 사각지대 춤추는 칼 끝
어제 새파랗게 겨누고 달려드는
너 피하지 못한다
너는 길 잃고 헤매는 누군가 겨누고
여전히 달려들 것이지만,
어느새 눈가 적시고 길 떠난 어머니와
다리 절며 뒤 따라가는 예순다섯 된 사내
그리고 예순넷 여자
온몸에 벌침 깊이 박히고 나면
저 산 꽃 지듯이 찌르면, 아프고
눈물 나는 꿀벌의 일침을
그는 이미 알고 있다

비둘기

풀잎 두런거렸을 때
그 마을 외진 곳 비둘기
주시옵소서, 주시옵소서
얼마 동안 가난에 대해서
이슥고 새를 위하여
주시옵소서, 주시옵소서
새의 목소리 사람의 목소리
한껏 상처 받게 할지라도
또한 흔들어대기도 하는 것이기에
풀잎 온몸으로 눕기도 하는 것이지만
알몸 드리우며 어느 곡식 밭에서
넘어지기도 하는 것이지만
제 몸 다해 울 수 없는 날
신의 마을 어느 습한 둥지에 모여
새들 울부짖지 아니한 그날 오후처럼
스스로 담보할 수 없는 날 다가오고야 만다
이런 것뿐이었으므로 날개 잃은 자의 자세로
집 떠나 부르짖는 것이었다

주시옵소서, 주시옵소서
반듯이 목소리 드높인 만큼
얼마 동안 침묵이 흐른다
외치지 않으면, 결코 답하지 못한다
주시옵소서
주시옵소서
주시옵소서

지금은 내가

기억의 사막을 건너는 낙타
비릿한 바닷바람 부는 그 도시
칙칙한 동네 다리 난간에 앉아
몇 백 원 닭발을 물어뜯으며
아이와 여자가 서른 몇 개 계단을 오르고 있다
변두리 구석진 마을 향해 가는 버스에 오른다
밤마다 어둠이 무겁게 짓누르는 전라도 어느 깊은 동네
몇 마지기 땅을 처분한 뭉칫돈 들고
도시의 높은 성벽을 넘기도 전
어는 듯 풀어지고, 풀어지는 듯 얼어버린
부산한 도회지 골목 전파사, 그 늙은 영감
젊었으나 속이 너무 캄캄한 속내에 넘어가
무참히 털리고 있었으니
그쯤 가을이 다 가기 전, 잎이 떨어지기 전
박정희 먼저 나뭇잎 지듯 떨어졌다
도시는 급하게 어둠이 밀려들었으며,
절망의 그림자로 거리를 채웠다
두 살 된 아들과 달포 된 딸, 같이 늙어갈 여자

한 톤도 되지 않는 궁색한 살림을 용달차에 싣고
그가 뚫어 놓은 도로를 부리나케 달렸다
그리하여, 나고 자라 넘어져 핏물 밴 고샅
하늘과 산이 맞닿은 동네
밤마다 멧돼지 뻔질나게 내려와
강냉이랑 옥수수랑 고구마, 땀 흘려 지어 놓은
곡식을 짓뭉개 먹고 달아나는 동네
하늘이여
내가 여기 있나이다

또 나는 날고 싶다

어 머 니
애초에
잘 걷지도 뛰지도 못하는 다리 말고요
날개 달아주셔야지요
당신을 따라 한 번 맘 놓고 달려 가보지 못했고
오래오래 걸어 꿈의 마을에 가보지 못했으며
십리 가자는 여자 따라 오리도 못가 봤으며
당신 말없이 그냥 아주 가고 있을 때에
멀찌감치 뒤에서 눈물 흘리며 서 있었고요
무거운 짐 지고 단숨에 따라가지 못했다
마음에 이르는 그곳 쉬 나서지 못했다
어느 어린 왕자의 별에 닿지 못했으며
수천만 년 은빛 날개 돋쳐 나는
그 아침의 나라 닿지 못했으며
끝내 나는 걷지도 뛰지도 못하고
가장 낮은 마을에 엎드려 있으며
어머니, 어쩌면 그냥 이 세상에
나만 남겨 두고 가시려거든
날개는 달아 줘야지요

금붕어

비루한 작대기 두들겨 가며
광한루 오작교 건너는데
아내의 장딴지만한 고기들
침략군처럼 유유히 접근해 오는 봄날
첩첩 산골짜기 묻혀 살아온 나는
저게 무엇인지 얼른 짐작할 수 없구나
일천팔백구십사 년 전봉준 무장농민군의
희고 노랗고 검고 붉은 깃발 같아서
한순간 으스스 오금이 저려왔다
오작교를 방정맞게 건너는 월매네 옆 동네
어느 소작농 막내딸과 똑 닮은 내 여자
색동옷 갈아입은 고기들이 기똥차게 이쁘다고
호들갑 떨지만
여전히 오금이 저려 벌벌 떨고 있을
조병갑의 도포자락만큼 나도 떨고 있는 것이었다
이것이 금붕어라는 그 물짐승이라
이참에 머슴은 단숨에
물속 깊이를 가늠해 보는 것이었다
물밑 하늘을 한번 굽어보는 것이었다

솔가리

너무 늦었구나
수만 가지에서 피어오르는
꽃잎 같은 흙내 맡으며
지난 햇살 꺾어 모아 오후 시간 끌어안았던
떠나는군, 빈 말 없이 무수히 떨어져
인간의 얇은 비늘 묻힌다
떨어짐이 마지막 순간 아니었다
새벽마다 주렁주렁 매달리는 이슬방울의
그 빛나는 눈물처럼
음, 다시 말하고 싶은 몇 방울 피와 같이
이제 떨어져 모여서, 죽은 자도
산자와 같이 뛰어가리라
어느 마른 손 흔들며 팔 굽히는 늙은 날의 한 때
켜켜이 쌓는 것이다
켜켜이 쌓아두는 것이다

낙엽 3

찔레꽃 지듯 떨어진다
文밖에서 피는 꽃
門안에서 피는 꽃
創밖에서 지는 잎
窓안에서 지는 잎
길품 없이 피는 잎
속 길에 피는 잎
세상 밖에 피었다
내 안에서 지는 잎
껍데기만 안고 살다
껍데기만 벗고 살다
서운한 마음 하나 없이
찔레꽃 지듯 떨어진다
떨어진다 떨어진다
떨
어
진
다

길

마을로 뻗은 길, 산으로 뻗은 길
산으로 가는 사람
마을로 가는 짐승
서로서로 만나지 않는다
강 건너서 어느 먼 마을에 닿는 길
산 넘어서 어느 먼 강에 닿는 길
서로서로 얼굴 맞추지 않는다
그냥 경자년 지나간다
가는 자 길 늘리고
오는 자 길 좁힌다

손돌이바람

음력 시월 스무날께
웃통 홀딱 벗고 사시나무처럼 떨면서
펑펑펑 눈 내리는 바람 기다리네
마칼바람이어도 좋겠네
서릿바람이면 더 좋겠네
왜바람이면 얼마나 더 좋을 것인가
눈은 이리저리 방향 없이 마구 날리면
봄꽃 바람에 흩날리듯 내리겠네
댑바람 분다고 탓하지 않겠네
언제나 눈은 바람을 타고
온정 잔잔히 흐르는 마을 찾아
손돌이바람 부는 그 즈음
첫눈 내리면 참 좋겠네
눈 내리네
눈이 내리면
눈 내리네

제4부

단단하지 못한 생의 골격

고샅

아침 눈뜨는 아이들
잡풀처럼 쑥쑥 자라 무성한 숲을 이룬다
촘촘한 아이들 숲에서
참새와 굴뚝새 또는
다시 돌아와 무성하게 뒤덮고 있는
담쟁이넝쿨 검푸른 잎사귀에 매달려
몸부림치는 아이들 빛나는 꿈
주렁주렁 매달렸던 기억 되짚는다
여기 내일까지만 신들메
단단히 고쳐 맸던 생의 가운데
푸서릿길 돌부리에 넘어지고 나면
너는 가고, 나는 우두커니 서서
잠시 하늘 올려다보고 있다

풍경 2

비릿한 바람에 떠밀려
바다는 천천히 몸 씻고 있다
어느 늪 자태로 앓은 것 아니면서
몇 근 살코기 감싸고 있는 어느 보수 일간지
쓰러진 자는 눈물도 없다
결국, 좁고 습한 미로 끝나지 않는다
푸른 제복의 사내들 하나 둘
어느 도시를 잠입하고 나면
거리는 도무지 견딜 수 없는
작고 보잘것없는 몇몇 아이들만
겁에 질려 달려가고 있을 뿐
희미한 약속의 꽃은 이제 형태 뿐
꽃잎만 떨어진다
견뎌낼 기력이 없다

도리기

고샅에 눈 쌓이듯
산 밑 동네 아이들
좁은 골방 비집고 들어가
굵은 싸리나무토막 반으로 쪼개어 윷놀이한다
개, 개 나왔다고 개 패듯 쥐어박고
모, 모 나왔다고 목을 끌어안고 뒤집어지는 밤
장골배기 피도 안 마른 놈들
막걸리 마시거나
작은 집 닭 모가지 비틀어오기
무수히 하늘 흩고 내리는 눈
그 눈발 사이로 훌쩍 어른이 되고 싶은 아이들
세상으로 뿔뿔이 갹출(醵出)되어
추렴하지 않아도 눈 내리면
너스레 없이 세상의 틈 사이
슬그머니 끼어들었다

뿌리 1

바람이여
눈발 더듬어 가는 길 위
어디 급한 발걸음으로
잠든 사람의 옆구리 비집고 뻐는
바다를 걷는 사람의 마을
여기, 너무 깊고 높고 넓은 꽃잎
하늘로 발 뻗는다
죽은 자로 살아남아서 오늘 밤
저물 무렵 부엌에 군불 지피지 못한
후미진 사람의 마을
나무는 저린 발목 꺾으며
곁눈질 없이
피는 꽃 지는 잎 없이
발 뻗는다

갈대

오뉴월 바람에 강바닥을 더듬어 가면
손님도 이럴 손님 있고 저럴 손님 있다고
초저녁부터 투덜거린다
안인심이 좋아야 바깥양반 출입이 넓다고
아무리 촐싹대 봐도 강은 바다로 향하고
바람은 물을 따라 제멋대로
꼿꼿하기는 서서 똥 누겠다

여럿이 같이 가면 아픈 다리도 끌려가고
열길 물속은 알아도 한 길 사람 속은 모른다며
잎은 종일 흔들리고 나면
열두 가지 재주 가진 놈
저녁거리 간 데 없다고 속삭거린다
껍데기는 새것이 좋고
사람은 오래된 사람이 좋다고
자꾸만 두런대더니
잠자리 쥐고 말았다

겨울비 7

같은 떡도
맏며느리 주는 떡이 더 크다

같이 우물 파고
혼자 먹는다

개도 얻어맞은 골목엔
가지 않는다

옛날, 겨울일기

산만 보이는 마을 겨울에
연필심 꾹꾹 눌러 일기 쓰지 않는다
먼 산 더듬어 건너오는 첫눈처럼
마을에 닿을 때까지 하고 싶은 말
저희들끼리 다 흩어놓았고요
외딴집, 눈 내리는 길
이백 삼십오 미리 여자 고무신 점점이 들어갔고요
그리움 없이 집 나간 남자
날이 밝기 전 몰래 들어왔다
그 길로 도로 나갔을 때
참 오랜만에 친정집 다녀간
그 여자 고달픈 얘기만
이 골목 저 골목 넘어 다니고요
오늘 눈 내리는데
햇빛 잘 드는 뒷동산
눈 속에서도 피어난다는
그 노란 복수초 꽃 피었다는데요

화석

한 시대를
한 백 만년 살다 보면
중생대 암모나이트 되어
또 백 만년 후에
그들의 마을에 보존되기 위해
재빨리 죽어서 묻히고 있다
껍데기 남겨두고
이백 몇 개 뼈 골라내고 나면
단단하지 못한 생의 골격
고스란히 남을 나의 화석
먼 옛날 형성된 암석처럼
생물학적 과정에 의해 형성된
고대 탄소 화합물인 화학 화석이 되지 못한 채
죽어서 묻힌 잡식동물로 납작해질 것이다
슬픔도 절망도 없이 단단해진 껍데기
가득 끌어안은 짧은 왼쪽 다리뼈와
부러진 허벅지 붙들고 있는 쇠막대기 하나
선명하게 남을 것이다

뿌리 3

내 가녘한 젊은 날은
여섯 쪽마늘만큼 실로 매웠었더니라
아버지의 아버지 적
무릎 쑤시는 날 잦아지면서
숟가락 들기도 싫어지면서
허기진 눈 가물가물해지면서
어둔 고샅 딸그락딸그락 굴러가는
달걀귀신 쫓아 뜬금없이 밤길 나선다
음, 가고 오는 내 몸의 심지
가늘고 짧게 흔들리고 있다
그 옛날 아버지 얘기 주머니 풀어놓고
눈 내리거나 쌓이도록
가난한 자식 한 놈 키워 놨다

옛날 얘기 좋아하면
가난하게 산단다
찢어지게 산단다

살다보면

아침이 되니
날이 밝아 눈부시다

정오가 되니
족한 음식으로 배부르다

저녁이 되니
하루의 곤함으로
온몸의 땀 씻고
편안히 잠자리 들었다

온통 비에 젖은 날
목메어 울던 날
모든 꽃과 나무와 열매
허리 펴고 바라보다
가늠되어지는 높고 낮음과 깊이
저렇듯 내 곁에서
빛나는 것이다
살다보면

풍경 1

물 건너가는 손님은 뒤통수가 예쁘다
가랑비에 옷 젖는 줄 모르고
숫돌이 저 닳는 줄 모르고
마른나무 좀 먹듯, 가랑잎에 불붙듯
성깔 사나운 여자의 된 걸음으로
닷새 장마당을 스치고 나면
가재 물 짐작하듯
간다 간다 하면서 기별도 없이
물은 들판을 헤집고 간다

밭고랑에 뒤웅박 뒹굴듯 참외 몇 알
한나절 불볕에 배 깔고 졸았다

가풀막

가는 비 굵은 비 다 맞으며 예순아홉 잘 넘었다
헛디뎌 어느 좁은 골짜기 사이 담쟁이넝쿨처럼 간신히
오르다
뱃사람처럼 검은 바다 헤쳐 멀고 먼 남의 고향 길 가는
동안
다시 돌아가고 싶은 늦은 10월의 어느 날 같이, 한길이
든
논틀길이든 절뚝거리는 그림자 하나
따르고야 말 요량으로, 시절은 무턱대고 자꾸 밀어 나
분 댄다
날카로운 미늘에 걸려 버력에 휩쓸려 버려지기도 한날
에
마른 뼈 주섬주섬 챙겨 안고 뱁이 꼬여 딴죽 걸기도 하
면서
늦바람이 적삼 파고들 때마다
관절 꺾으며 신음한다
여느 동네 그 우거진 계곡 건너기 전 햇빛 고르게 드는
쪽으로
어머니 꽃무덤 하나 오래도록 외롭게 퍼질러 앉아 있다

산에서

봄 가고 여름 무심히 가고
또 가을 그냥 왔다가
열매 거두어들이고 나면
첫눈 바람 몰고 산으로 들어오기 전
겨울이 오면
나, 이 산에 묻겠습니다
사랑하는 이여,
지금 우리가 산다고 사는 게 아니라
머잖아 챙겨둔 짐 하나 둘 놔두고
편히 떠나야 할 시간이 오기 전
열 손가락 쑤셔 오기 전부터
서두르지 마시고, 아주 느리게
싸리문 밀쳐둬야지요
가고 오지 않는 사람을 따라서
가을빛이 시리기 전에
축축한 이부자리 널어 말리고
앉았던 흔적 놔두고
아주 천천히, 가만가만 걸어오시기를
산으로, 산으로

내가 걸어온 만큼 다시 가야 한다

절뚝이며 내가 걸어온 길 위에서
오늘 만나자고 한다

칠순의 허리 굽은 최점순 먼발치에서
내 발걸음보다도 천천히
세상의 모든 길 걸어와 발목을 잡는다

분명히, 너무 멀고 험악할지라도
바로잡고 정리해야 할 몇 날 남아 있으므로

내가 걸어온 만큼 다시 가야 한다

제5부

찢긴 자는 길을 걷지 않는다

고목

이십 리 신작로 먼지 길 걷다 보면
쉰여덟 해 떠난 고향마을 포내리
무릎까지 눈 내리고, 비바람 몰아쳐도
굽은 허리 질끈 묶고 서 있는 나무 한 그루
마침 지나가던 어머니
굽은 허리 펴며 나무처럼 웅얼거린다
나무도 어머니도 한 시대 굴곡과도 같아
지금까지 잘 지탱해 주었으므로
누군가에게 뜨겁게 손 내민 적 없었다
그래서 마을은 사람과 나무와
이제야 한 통속이 되어
나무는 뿌리로, 사람은 속이 깊은 흙으로
서서히 몸을 눕히는 것이었다
땅 위와 그 아래로 서서히
움직여보는 것이었다
고루한 역사는 나중에 아주 먼 날
그때 남은 자의 몫으로 남겨두는 것이었다

들창

어머니가 몇 번 세상 열어 올린다
문 여는 방향이나
문 닫는 시간쯤 창문 하나 밀어 올린다
밀어야 하는 것 끌어야 되는 것
흔히 볼 수 있는 눈으로 작은 창하나 결정한다
두 쪽 문 좌우로 겹쳐지도록
밀어서 세상 열기도 하고
닫는 게 현명할 때
어느 한 날 아프지 않은 피맺힌 손톱
그 손가락 끝으로 밀어낸다
어머니는 밝고 어둠을 가려두지 않은 채
그 야문 결단 하나로 세상을 밀어 올린다

빈집 5

노름 뒤는 대도
먹는 뒤는 안 댄다

가루 팔러 가니 바람 불고
소금 팔러 가니 비 온다

가마 타고 시집가기는
다 틀렸다

북새

눈 뜨면
바로 세상은 북새통

어느 나라
어느 도회지
어느 동네 구석
어느 집 할 것 없이
사람이 북새통이다

날지 못하는 새는
북새 이룬다

빈집 4

무너진 흙벽 타고
오늘에야 끝없이 살아가는 넝쿨
아득한 훗날 목맬 수 있을 것이다
어쩌면 또다시 돌아와 뿌리 뻗고
우연히 만나 풀어갈 엉긴 실핏줄
신이 써 내려간 긴 갈망이었나
어두운 새벽에 종이 울리면
일제히 손들고 달려 나오는 저들
머잖아 쓰러진 듯 누워 있는 갈림길 앞에서
몇 마리 산짐승이었을 것이다
내 육신이 어느 돌 틈에 끼여
흩어버린 마을의 소문 주워 담는다
엷은 삼베 적삼 옷깃을 여미며
여자는 밤길을 떠났다
아주 멀리 어디론가 떠나야 할 부스러진
열망의 조각을 끌어 모으면
내 빈자리에 꽃 이파리
하나 둘 떨어지는 것이었다

빈집을 허물며

아궁이 속에서 그을린 구들장
이 산 저 산 고목의 나이테만큼
마음이 급해질 때마다 아직 제 몸 하나
딛고 일어설 수 있는 허물어진 뼈 달려온다
집을 두고 야반도주한 적 있다
스스로 친 덫에 걸려 넘어진 적 있다
집이란 집 짓는 일과 허물어버리는 일
너무 상관없는 것이란 걸 알았을 땐
먼저 새끼줄 치고, 마당에 피운
불더미에 모두 쓸어 던지는 것
무분별한 사촌의 욕망, 핏줄 잘라야 했다
한 번도 버리지 못한 무수한 삶의 껍데기
아직 한 오십 년 더 버티고 갈 것처럼
무수히 뛰쳐나와 앉는다
잘난 아들도 챙기지 못한 세상에서
구십 여덟 평의 빈터에 한 백 년 흔적을 태워버린다
아버지의 아들 똥고집과
아버지 두고 떠나간 잘난 아들들

콩밭에 불 지르듯, 질끈 눈 감으며
집을 허물어 버린다

끝이 보인다면

낯선 마을에 가도 좋다
무심코 머물러도 좋다
돌아갈 버스 어둠만 가득 싣고
눈물 닦고 봐도 손 흔들어 줄 사람 없는
그런 구석진 곳에 버려진들
아버지의 해진 주머니면 어떻고
어머니의 무덤이면 난 무작정
그곳으로 가도 좋다
가난은 삶을 윤택해질 출발이라고
언젠가 그대로 있을 흙의 부피만큼
도랑물 뼈 사이로 질러가는 것이다
질곡의 손목을 꺾어도 좋다
찢긴 자는 길을 걷지 않는다
어디 한적한 능선의 산 오르다
배곯는 짐승의 지친 숨소리로
썩은 나무 등걸로 넘어져도 좋다
끝이 보인다면

바람과 사람

병든 오라비 혈색으로 돌아눕지 말자
날이 어둡기 전 허구한 날 눈 쌓인 골목을 나와
죄 없는 자의 눈빛으로 떠나지 말자
바람은 비껴간 나무의 가지 흔들고
금방 돌이라도 부수고 덤벼들 태세로
마을을 빠져나간다
필시 죽음을 무릅쓰고, 떠나지 말자
다시 네게로 가서, 초췌한 날의
기억을 찢어버리지 말자
아직 여전히 피 묻은 열 손가락 죄의 무게만큼
새벽은 오지 않는다
습기 찬 이 땅의 깊이 재는 날부터
자꾸 쏟아져 내리는 한정된 삶의 책장 넘기는 것이다
아무래도 산발한 짐승의 원한이 엉켰을지도
모르는 마을에 내려와 바람과
그 전날부터 눈은 쌓이는 것이다
이젠 나도 마을을 떠나야겠다

그저 살다보면 살아진다

아무래도
못다 한 말이 있다
몇 마리 어린 짐승이 자고 간
한 간 빈집 서늘한 구들장 위
낡은 머슴의 족보 마지막 장에
올려놨을 이름일 지라
풀잎 같은 목숨 조금 쉬고 있는 것이다
그 사람이 자고 있는 것이다
잡초처럼 쓰러지고 쑥쑥 자랐던 날
어둡던 저녁 길바닥 누워 바다보다 넓은
하늘을 건너, 더 높고 별 있는 끝
가슴 뚫고 가는 그 마을 건너가고 있는 것이다
짚더미에 뼈 올려놓고 아주 느리게 걸어가면
세상은 더운 기운 만으로 견디는 게 아니라는 것
춥고, 떨리고, 몸서리치는 오한으로도 잘 버텨야만
어머니, 아버지, 할머니, 할아버지도
찢어진 짚신 한 짝 걸어둘 수 있었으리라
그저 살다 보면 살아진다

유서 1

집 떠나 뒤 돌아보면 너무 슬프다
세상에 남아 사는 것 너무 슬프다
저 먼 내 집으로 돌아가고 나면
만나고 헤어지고 그리운 사람들
눈매 서늘했던 그들의 곁 떠나고 나면
잔혹했던 것 가슴 저렸던 것
몇 날 밤새워 울었던 것 다 잊을 테지만
우리는 길 가다 만났던 사람들
내 집으로 돌아가 생각나겠지만
다시 만나야 할 얼굴들이었으므로
이곳저곳에서 서로 몸 부딪고
손 잡고 같이 걷던 발걸음으로
바다에 이르는 물과 같이
또 만나야 하는 우리들 그 집에서
그 집에서
그 집에서

새벽길 3

어제, 오늘, 내일도
새벽의 이른 아침 열릴 때
몇 마리 굴뚝새 잠 깨고
싸락눈 촘촘히 밟으며
이백삼십오 미리 신발 크기로
걸어간 여자 발자국
예순다섯 남자 쿨럭이는 목울음 따라
서두르며 골목을 간다
날마다 까만 눈 반짝이고 갔을
그곳에서 일어나, 훨씬 깊어지고 싶었을
강 스스로 제 몸을 사리었으므로
마침내 어둠을 밀며 누웠다
잠들지 못한 내가 당신과 함께 길 나서면
어느 마을 신의 머리맡
칭얼대는 아이 눈 뜨겠다
세상의 골목에서 눈 감고, 눈 뜨고
자꾸만 촉수의 발톱 세우겠다

유서 2

안개 속의 작은 마을 멀기도 하다
어린 새끼 세 마리 또 한 마리 어미 멧돼지
7월의 깊은 밤 중
도둑처럼 무참히 뜯어먹고 나면
뿌리부터 불끈 일어서는 강냉이
저 냉기로 밤을 견디고 만다
마을은 어둠으로 꿋꿋하다
코로나19 어느 도시처럼
또다시 발톱을 갈며 천천히 움직여 간다
그것이 어느 변방의 소문처럼
숨통을 조여 오고, 조국이 어디냐고 묻지 않는다
짐승은 그것을 가장 싫어한다
마치 사람의 욕구로 견디기 어렵다
세상에서 형제의 손톱 깎지 않는다
좋거나 슬프거나 타오르거나
흔들리거나 영혼이 닿는 마을 떠나
흡사 커다랗게 온몸 눕히고
밤새도록 마지막이 될 말
건네는 것이다

너는 가고 나는 남아서

어느 나라 시인 말처럼 4월은 잔인하다
뜨겁게 빛나는 남쪽 어느 해변
몇 모금의 술잔 던지며 푸른 제복 손짓으로 떠날 때
새의 푸른 손짓과 같이 그대는 가고 나는 남는다
금방 무너지기 싫은 낡은 판잣집 머리 숙여 기어들고 나면
때때로 관절을 앓는 무릎 절뚝거리며
세상의 오래된 뿌리 분질러버린다
새보다 먼저 날고 새보다 먼저 알 품는 그런
거기 너 있었으나 없었고
웅크리고 앉아, 어린 짐승처럼
성난 짐승 발톱을 세워 도사리고 있을 때
무너지지 않는 관습의 틈새에 끼어
다시 그 남쪽 해안 모래밭에 앉아
시대와 판례와 아픔의 습관, 끓는 피
바다에 내던질 수 없다면
너는 그렇게 가고
유서 같은 한 장 엽서를 들고
언제까지 나는 기다려야 하지

너는 가고,
나는 남아

발문

씨방에 간직된 천진무구함의 詩學

씨방에 간직된 천진무구함의 詩學

이병초 | 시인, 웅지세무대 교수

1. 시에 닿는 인간적 체취

적상산 자락에 차려진 시의 밥상이 걸다. 이봉명 시인의 형형한 눈빛을 통과한 일상은 삶의 갈피에 끼워지지 않고 나름 생명력으로 발산된다. 시는 작은 것들의 숨소리를 맑게 펴 보이는 미학일까. 스스로 작아질수록 시의 품은 넓어지는 걸까. 텃밭두렁 아래로 휘어진 풀잎이며 나무울타리 위로 고개를 내민 오이순이며 고추잠자리의 투명한 날개, 여기에 돌배기의 눈물방울 같은 이슬이 맺혀 구슬구슬 빛난다.

애초에 사람은 자연의 곁가지라는 듯 인간의 사유가 갖는 작위성을 버리듯 이봉명의 시에는 지식의 오만함이 없다. 민중의 현재를 고민하고, 인류 공통의 문제인 경제적 불평등을 지적하다가도 결국 기득권 세력의 마름으로 전락한 지식의 깡마르고 창백한 자리를 박차고 나선 시의 보폭, 그의 시심(詩心)은 차라리 애잔하다. 흔하고 볼품없는 일상의 소소함을 언어의 키로 까불러서 잔돌과 티를 골라내고 입김으로 불어내며 시의 고유성을 확장하는 그의 시세계는 시원의 건강함을 빼다 박았다. 지천으로 피고 지는 꽃들과 논밭에 곡식들과 노동, 여기에 닿는 인간적 체취는 아직도 산골 마을이 살만한 곳임을 힘껏 매김질하는 것 같다.

그는 여러 권의 시집을 상재했다. 발표 지면에 구애받음이 없이 창작된 그의 시편들은 『꿀벌에 대한 명상』, 『아주 오래된 내 마음속의 깨벌레』, 『지상의 빈 의자』, 『포내리 겨울』, 『지상을 날아가는 소리』, 『바람의 뿌리』 등의 시집에 수록되었다. 그의 시집 아무데나 열어봐도 자연과 노동이 어울린 삶의 정체가 오롯하게 형상화되어 있는 것이다. 사람이 별개 아니라 풀과 꽃과 곡식 등에 속하는 미약한 존재임을 시로 일깨워주는 것인지도 모르겠다. 그러나 그의 시편들엔 미약하다는 말을 앞지르는 것이 있었다. 사람은 노동을 통해 뭔가를 느끼는 존재감이 그것이다. 그의 시는 노동을 통해서 넓어지고 깊어진 자연인의 사유를 언어의 형상으로 빚어내는 존재감을 빛내고 있는 것이다.

이봉명의 이번 시집에 수록된 시편들도 여기에서 크게 벗어나지 않는다. 풀잎에 맺힌 이슬 한 방울의 반짝임, 그것이 그의 시 무기이자 순정임을 보여준다. 누구도 어떻게 사는 것이 아름답게 사는 것인지를 명징하게 밝힐 수는 없다. 하지만 그는 자신의 시편들을 통해 사람답게 살지 못하도록 끝끝내 간섭하는 것들이 무엇인지를 간접 화법으로 나타낸다. 시에 형상화된 언어미학적 울림 그것에도 관심을 가져야겠지만 삶을 불편하게 하는 지점을 찾아내 형상화한 그의 시학을 바르게 읽어내는 것이 이 시집을 읽는 목적이겠다.

2. 시의 촉수로 건져낸 삶의 결

나는 그의 시집 『바람의 뿌리』 발문에서 "누가 자신을 보든 안 보든 자신의 자리에서 묵묵히 시의 보폭을 넓혀가는 그의 시간은 논밭일 하기 싫어서 꾀똥 누거나 지면을 얻기 위하여 소맷동냥하기에 바쁜 이들을 준엄하게 꾸짖는 것 같다. 어떤 출판사에서 시집을 냈느냐가 중요한 것이 아니라 지금 어떤 시를 쓰고 있느냐가 더 중요한 게 아니냐고 목소리를 높인 이가 이봉명 시인이었던 것이다."라고 썼다.

나는 이 생각을 물릴 이유가 없다. 시인의 품성이 그렇고 시의 격이 여기에 어그러짐이 없으므로 나는 그의 새 시집에 대한 새롭고 다채로운 이해를 구할지언정 이 생각을 번복하거나 수정할 생각이 없다. 더구나 이번 시집에 수록될 시편들을 읽다가 나는 적잖이 놀랐다.

일상의 소소한 토막을 시의 촉수로 건져내어 삶이나 사회의 단면을 예리하게 짚어가는 시구가 구절구절 반짝였던 것을 기억한다. 그런데 여기에 자연스러움까지 묻어났던 것이다. 스스로 그러하다는 자연의 이치를 어느 결에 체득한 것일까. 농사꾼의 일상이 새롭게 바뀔 가망이 거의 없는 산동네에서 그의 시는 삶에 내재된 살아냄의 안팎을 물고 시간의 바깥을 눈겨냥하는 것은 아닐까.

안개 속에서 눈 뜬다
이슬방울 습한 아침
아가의 칭얼거림과도 같이
불 밝히듯 창문 활짝 열고
일상의 작은 소리 끌어 모아
그 사람 마지막 사랑인 듯
참으로 슬픈 날 몇 개의 구도를 잊지 않고
살다보면 다 못한 말이 얼마나 많았으므로
모든 꽃과 나무 빛나는 열매를 제치고
지상의 어느 풍경
죽어서 다시 돌아오지 못할 마을
그 간절한 기다림의 등쌀에, 겨우
꽃 피고 있는 것이었다

기어이, 꽃잎에 유서 한 장 써두었다

—「나팔꽃」 전문

겨우 피어 있는 꽃송이. 하지만 '겨우' 라는 단어를 거슬러보면 "아가의 칭얼거림"이 있고 불 밝힘도 있다. 불과 14행이 전문인 소품에 삶이 아리게 박혀 있다. 살면서 할 말을 다 하고 사는 이는 드물다. 할 말을 못하고 사는 이가 태반이라고 적어야 옳을 터이다. 여기에 한 치도 비껴남이 없는 나팔꽃의 사정도 풍요로워 보이지 않는다. 마음 속에 뭐가 맺혀 있는지는 모르겠지만 "죽어서 다시 돌아오지 못할 마을/ 그 간절한 기다림의 등쌀에" 겨우 꽃이 피었다. 죽음의 그림자가 잠깐 눈앞을 스치듯 "기어이 꽃잎에 유서 한 장 써두었다"라는 시행은 누구의 임종을 지켜보는 것 같아서 위태롭기까지 하다. 이른 아침에 핀 나팔꽃 한 송이를 바라보는 시인의 눈가가 촉촉하다. 일상이 적힌 작은 부분들을 끌어 모아 평생을 일궜을 삶, 그렇게 겨우 핀 나팔꽃 한 송이가 자신의 유서임을 알아챈 이마가 문득 서늘하다. 자신에게서 떠나가는 게 더 많았을, 어쩌면 마지막으로 보고 있을 가난한 산동네 풍경을 짚어보면서 뭔가를 기다리는 나팔꽃은 우리네 삶의 안팎으로 읽힌다.

바람도 없는데
눈물도 없는데
사람도 없는데
덕유산 적상산 백운산
저희들끼리 손잡고 붉어지네

논과 밭 비탈진 언덕
끼리끼리 눈짓 손짓 발짓하더니
열매 단단히 영글어 가고
머리맡에 푸른 하늘 떠받치고
가장 늦은 저녁 무렵, 길모퉁이 쪽부터
불면의 깃발 흔들며 달려 나오는
어린 날의 아이들은 눈 반짝이고
집 밖에서 몇 겹 씨방
더운 날 땀방울의 무게 재지 않는다

바람도 없는데
눈물도 없는데
사람도 없는데
저희들끼리 영글어 가고
자꾸 붉어지네

—「그해 가을」 전문

문명적 사회현실과 다르게 살아가는 자연물도 있다. 자본의 의붓자식으로 살면서도 그것이 사회에 어떤 의미인지조차 모르는 캄캄한 불감증도 얼마든지 있다. 돈의 위력에 종속된 삶의 획일성은 사람이 가진 자유의 폭을 얼마나 비좁게 하던가. 몇몇 부도덕한 이들이 자신의 잇속을 명문화하기 위해 내세운 문명과 자본의 질서가 사람을 소외의 그늘로 내몰고 있다. 여든 일곱 가구가 깃든 옛 동네에 돌아가 흰옷 입고 농사지으면서 이웃과 너나들이로 살았던 시절은 이제 꿈도 꿀 수 없는 지경이다. 누구를 탓하자고 하는 얘기가 아니다. 문명과 자본이 가진 야비한 속성을 질타하기는커녕 되레 거기에 복무하는 지식인들은 오늘도 반성문을 쓸 줄 모른다는 점을 말할 뿐이다.

적상산에 덕유산에 백운산에 가을이 왔다. 바람이 없을 리 없고 눈물이며 사람도 없을 리 없는데 시인은 아무도 없는 가을에 닿아 단풍을 본다. 적막하다. 시인은 오랜만에 혼자가 되어 있는지도 모르겠다. 사회 현실에 구애받음 없이 "끼리끼리 눈짓 손짓 발짓"으로 단단히 영글어가는 열매들이 시인은 부럽기도 하고 서럽기도 하다. 자기들끼리 영글어가는 열매를 바라보면서 어린 날의 자신과 벗들을 떠올리자마자 시인은 부러움과 서러움이 한꺼번에 들이닥쳤을 것이다. 풍찬노숙이었을 도시 생활을 접고 고향으로 돌아온 시인, 정확히 말하자면 세상을 스스로 버렸을 시인. 하지만 그도 세상의 변화를 감지할 수밖에 없다. 뭔가가 잘못된 세상임을 알고 이것을 바로잡기 위해서 몸부림을 치면 칠수록 잘못된 세상에 영향력을 받을 수밖에 없는 것이 현실임을 시인은 잘 알고 있는 것이다.

삶의 희망이 '씨방'에 담긴 것일까. 씨방은 알차게 영글기 위해 여름 내내 속이 탔을 "땀방울의 무게"를 재지 않는다. 모든 게 수단으로 강요되는 시절, 한 개의 알곡을 얻기 위한 행위 자체가 목적이자 그것으로 족한 식물의 현실에 집중한다. 문명과 자본과 이기적 뻔뻔함을 장착한 현실에 개의치 않고 자신의 오늘을 살아내는 자연의 이치를 존중하겠다는 의미로도 읽힌다. 문명적 색채가 단 한 글자도 언급되지 않은, 자연 그 자체의 질서로 형상화된 시를 읽으면서 일반이의 삶이 갈수록 어렵다는- 그럴수록 자본가의 지갑이 두툼해질 것이라는 비정상적인 오늘이 떠오르는 것은 왜일까. 이런 세상이 부끄러워서 적상산, 덕유산, 백운산의 단풍이 더욱 붉어진 것은 아닐까.

동쪽에서 서쪽으로 벌써 해는 지고
서둘러 새도 아이도 손 털고

집으로 돌아갔다, 널어 말린 이불 걷고
새댁도 설거지까지 끝내는 꽃잎 떨어지는 순간
이제, 멀리 출타 중이었던 예순 다섯
혼자된 남자 여태 보이지 않는다
살아있는 동안 절뚝거리며 간신히 집으로 돌아와
몇 개의 전등 켜고 나면 어둔 그 길 돌아갈 날보다
이제 불 밝게 열어둔 내 집으로 훨훨
날아갈 수 있었으면 좋겠다,
내가 세상에서 절뚝거리며 걸어온 모든 날
다 잊어버리고 집으로 가는 그 무렵
세상에 불타는 것 쓰다듬고 있나니
잠들고 싶은 자, 떠나고 싶은 자
서둘지는 말아야지, 침묵하지 말아야지
이 무렵 어둔 세상 모든 길마다
등불 하나 켜 둬야지

—「저물 무렵」 전문

저물 무렵이란 제목이 자신의 인생 역정을 암시하고 있는지도 모르겠다. 이번 그의 시편들은 유난히 세월의 흔적을 언표한 경우가 많다. 「꿀벌의 침」, 「가풀막」, 「유서 1」, 「새벽길 3」, 「비 오는 날」, 「폭염주의보」 등에는 시인의 나이가 적혀 있다. 언제부턴가 시인들은 자신의 나이를 밝히지 않는다. 시에 나이를 적는 경우가 드문 데다 시집 표지에 사진은 내보이면서도 생년월일을 생략하는 경우가 많다. 그 이유가 무엇인지는 잘 모르겠다. 생년월일을 까먹었냐고 당사자들을 붙잡고 일일이 캐물을 수도 없고, 시 또는 시집 표지에 나이가 적혀야만 시를 이해할 수 있는 것은 아니기 때문에 굳이 이런 것을 따지는 것은 실례겠다. 그런데 이봉명 시인은 자신의 나이를 버젓이 적어놓고 있다. 언제 그를 만나면 나이를 밝힌 자랑스러운 이유가 무엇인지 물어봐야겠다.

날이 저물면 누구든 집을 떠올린다. 나이가 어떻든 자신이 무엇을 하고 지내든 저녁밥 짓는 냄새가 날 즈음이면 문득 집으로 돌아가고 싶다. 이봉명 시인도 예외가 아니다. 한세상 살면서 "절뚝거리며 걸어온 모든 날"을 잊고 "불 밝게 열어둔" 집으로 훨훨 날아가고 싶다. 집 밖에서 집을 바라보면서 자신의 부재를 확인하는 시인에게 또 다른 집이 보인다. 다시 말하면 저물 무렵 단순히 집에 가고 싶은 심경이 아닌 것이다. 시에는 끝내 언표하지 않았지만, 목숨이 다하는 순간까지 뭔가를 서둘지 않고 침묵하지 말겠다는 다짐이 예사롭지 않다. 유한한 목숨을 가진 자로서의 성찰이 엿보이기 때문이다. 이 시는 「유서1」의 변주가 아닐까. 아니다. 시에 나이를 적은 작품들은 모두 언젠가는 돌아갈 집, 즉 죽음을 자신의 몸에 바짝 붙이고 시를 쓴 것이 아닐까. 그러므로 욕망에 해당되는 "세상에 불타는 것 쓰다듬"으며 "어둔 세상 모든 길마다/ 등불 하나 켜"고 싶다는 속내를 비친 게 아닐까.

죽음이나 사뭇 부담스러운 세월의 흔적이 이봉명의 새 시집 전체를 아우르지 않는다. 꽃과 비와 눈이 서정의 주된 관심으로 작동되기도 한다. 여기에 더해지는 유년의 기억은 순식간에 시인의 나이를 어린 시절로 되돌려놓는다. 모두가 가난에서 벗어나고자 했던 의식이 어린 영혼을 닦달하기 전의 꼬맹이 시절과 또래들이 혼탁한 사회를 나무라듯 저 위에서 싱싱한 생명력을 뽐낸다.

고샅에 눈 쌓이듯
산 밑 동네 아이들
좁은 골방 비집고 들어가
굵은 싸리나무토막 반으로 쪼개어 윷놀이 한다
개, 개 나왔다고 개 패듯 쥐어박고
모, 모 나왔다고 목을 끌어안고 뒤집어지는 밤
장골배기 피도 안 마른 놈들
막걸리 마시거나

작은 집 닭 모가지 비틀어오기
무수히 하늘 훑고 내리는 눈
그 눈발사이로 훌쩍 어른이 되고 싶은 아이들
세상으로 뿔뿔이 갹출(醵出)되어
추렴하지 않아도 눈 내리면
너스레 없이 세상의 틈 사이
슬그머니 끼어들었다

—「도리기」 전문

시상에 활력이 넘친다. 어서 어른이 되고 싶은 꼬맹이들은 윷놀이와 닭서리에 신났다. 장골배기는 무주 지역에서 쓰이는 토박이말로 정수리를 뜻한다. 쉽게 말하자면 이마빡에 피도 안 마른 애송이들이 윷을 놀고 막걸리를 마시고 닭서리를 하는 것이다. 어른들의 눈이 두렵지 않을 리는 없다. 하지만 자기네 행동이 들키기 전에는 걸림새가 없다. 무수히 "하늘을 훑고 내리는" 눈을 맞으며 겨울 추렴을 즐긴다.

그 추운 겨울, 또래들과 신나게 아울리면서도 어서 어른이 되고 싶었던 그쯤이었을까. 아니면 가난을 벗어나고 싶은 의식이 어린 영혼을 구체적으로 닦달하던 때였을까. 눈을 맞으며, 어쩌면 초등학교를 졸업하던 그해 1, 2월쯤 고향을 떠나 세상에 갹출된 친구들. 모질

다는 세상의 틈에 끼어들어 배고픈 시간을 달래듯 잔뼈가 굵었고 이젠 자신처럼 나이배기가 되어 있을 친구들. 시인은 눈 내리는 어느 겨울날에 또래들을 떠올렸을 터이다. 꼬맹이 시절로 돌아갈 수도 없고 그때 친구들을 불러낼 수도 없는 세월의 야박함이 그의 목젖을 축축하게 하지는 않았을까. 돈이 사람 노릇하는 부박한 현실을 거절하듯 이제라도 만나면 반가울 표정이며 목소리며 온갖 시늉이 한순간이나마 시인의 마음자리를 훈훈하게 데워주었을 터이다.

3. 눈을 기다리는 시의 내구력

이봉명 시인이 지난 봄에 느닷없이 전화를 걸어왔다. 잘 있느냐, 뭐 별일은 없느냐 이런 수인사가 오가야 할 터이지만 시인은 내 목소리를 확인하더니 다짜고짜 "개 허지?"라고 말문을 떼었다. 나는 물론이라고 대답을 했다. 그는 전북 작가회의에 새 집행부가 꾸려졌다는데 그냥 말 수가 있느냐, 똥개 한 마리 잡을 터이니 집행부에 속한 사람들과 무주로 놀러오라는 것이었다. 입이 궁한 참에 이게 웬 떡이냐, 문명인들이 야만적 음식이라고 잡도리해대는 통에 점점 사라져가는 개고기를 수육으로 먹고 탕으로도 먹게 생겼으니. 나는 더 들을 것도 없이 날짜를 잡아달라고 보챘다.

무주에 들어서면서부터 차창으로 스쳐가는 동네들을 유심히 바라봤다. 아직도 인기척이 있는지 저 집은 어쩌자고 반쯤도 넘게 기울었는지 어떤 어르신이 유모차를 밀면서 마실 나가는지를 보고 싶었다. 이산 저산에서 밤꽃이 피고 있었고 시구룸한 밤꽃 냄새가 승용차 안에 스며들었다. 모내기 끝난 논에는 어린모들이 몸살을 하느라고 시무룩해 있었고 못물 잡아놓은 논배미에 푸른 산이 물그림자로 가라앉아 있었는데 이따금 물그림자 속에서 뻐꾹새소리가 튀쳐나올 것 같았다. 4차 산업 또는 문명이라는 것에 소외되었을지라도 나는 이 산골 마을에 우리네 삶의 원형질이 간직되어 있고, 그것이 인류의 미래라는 것을 마음속에 새기고 싶었는지도 몰랐다. 하지만 승용차는 빨랐다. 꿩이 지치게 목 빼는 한나절을 자꾸 차창 뒤로 보냈다. 일행은 개고기에 소주 한잔 곁들이는 시간을 끌어당기는지도 몰랐다.

승용차는 적상산이 보이는 누구네 집에 도착했다. 주인으로 보이는 아저씨가 우리를 집 뒤에 있는 비닐하우스 막으로 데려 갔다. 필시 개고기를 삶고 있을 무쇠 솥이 허연 김을 물고 있었다. 탁자에는 푸성귀며 쌈장이 차려져 있고 이선옥과 이해양 두 시인이 바쁘게 움직였다. 드디어 수육을 담은 접시가 우리 눈앞에 드러났다. 소주와 맥주를 찾는 눈길들이 흐뭇해지기 시작했다. 건배나 인사말 이런 것은 없었다. 봄날 하루를 맘 놓고 즐기는 것, 봄날 하루 문명이라는 몰염치를 발 아래로 두는 것, 문학이나 시국 따위 그런 골치 아픈 얘기 말고 봄날 하루를 너나들이로 즐기는 것이 목적이기 때문이었다.

음력 시월 스무날께
웃통 홀딱 벗고 사시나무처럼 떨면서
펑펑펑 눈 내리는 바람 기다리네
마칼바람이어도 좋겠네
서릿바람이면 더 좋겠네
왜바람이면 얼마나 더 좋을 것인가
눈은 이리저리 방향 없이 마구 날리면
봄꽃 바람에 흩날리듯 내리겠네
댑바람 분다고 탓하지 않겠네
언제나 눈은 바람을 타고
온정 잔잔히 흐르는 마을 찾아
손돌이바람 부는 그 즈음
첫눈 내리면 참 좋겠네
눈 내리네

눈이 내리면
눈 내리네

— 「손돌이바람」 전문

이봉명의 시나 인간적 측면을 단적으로 보여주는 시가 「손돌이바람」이 아닐까. 음력 10월 20일께 매우 맵게 분다는 바람이 손돌이바람인데 그는 이 바람에조차 정답게 다가서는 사람이다. 맵디맵다는 손돌이바람이 마칼바람으로 서릿바람으로 왜바람으로 변형되어 시상을 민첩하게 끌어가지만 사실 시인은 눈을 기다리고 있다. 객지를 떠돌았던 때를 빼고 그는 겨울마다 지겹도록 눈을 만났을 터인데도 눈을 기다리는 것이다. 뭔가를 탓하고 구박하지 않는 그의 시심에 기대어 맵디매운 손돌이바람도 잠재울 어떤 것을 기다리는지도 모를 일이다.

겨울 초입에 혹독하게 들어설 손돌이바람조차 끌어안는 천진무구한 태도가 지난 봄날에 전북 작가회의 집행부를 불러냈을 터이다. 그는 문우들에게 철 따라서 바뀌는 산골짝의 하루를 전했을 것이다. 이 천진무구함에 사람과 일상에 대한 배려와 이해심이 깊이 내장되어 있다는 것은 더 말할 나위가 없다. 시를 손끝으로 썼다기보다는 몸으로 먼저 쓰고 나서 붓을 들었을 그의 시편들, 삶이 가진 비극성까지 끌어안는 시편들은 승속을 따지고 가리지 않는 무욕의 시학으로 자리를 넓혀가는 중이라고 말하고 싶을 정도로 해맑다. 하지만 샘물을 퍼 올리듯 생생한 시의 두레박질은 여기에서 그치지는 않는다. 땅의 역사와 인간의 역사를 삶의 터 닦음으로 알고 오랜 시간 시의 내력을 단단히 다지며 살아온 시인이기 때문이다. 계절에 따라 농사를 짓고 꿀벌을 치는 일은 농부로서 당연히 해내야 할 일이다. 씨앗이 곡식으로 알차게 영글기까지 속상하는 일도 당연히 견뎌야 할 일이다. 그러나 삶의 비린 토막들을 호미질 괭이질로 쳐내고 걸러내어 시로 육화해내는 일은 결코 쉬운 일이 아니다.

손돌이바람을 타고 쏟아질 첫눈을 기다린다. 내가 살고 있는 전주에도 그가 원하는 함박눈의 기미가 미치길 기대한다. 형형한 그의 눈빛을 실망시키지 않고 하늘을 흩어버리며 눈이 펑펑펑 쏟아지는 날 그는 적상산에 전화를 걸 것이다. 오늘 하루 노곤하게 잘 살았다고, 내일이 또 오늘이 되고 어제가 되겠지만 그딴 거 잊은 지 오래라고 축축이 젖은 목소리를 바람에 말릴 것이다. 그렇게 그는 날로 천진무구하게 젊어질 터이다.

이 도서의 국립중앙도서관 출판예정도서목록(CIP)은 서지정보유통지원시스템 홈페이지(http://seoji.nl.go.kr)와 국가자료공동목록시스템(http://www.nl.go.kr/kolisnet)에서 이용하실 수 있습니다.(CIP제어번호: CIP2020043260)

가풀막

2020년 10월 15일 초판 1쇄 찍음
2020년 10월 20일 초판 1쇄 펴냄

지은이 _ 이봉명
펴낸이 _ 나문석
편 집 _ 장상호

펴 낸 곳 _ 도서출판 두엄
등록번호 _ 제03-01-503호
주 소 _ (41969) 대구광역시 중구 명륜로12길 21
대표전화 _ (053)423-2214
전자우편 _ dueum@hanmail.net

ⓒ이봉명, 2020
ISBN 978-89-85645-95-9 03810

*지은이와 협의하여 인지는 생략합니다.
*책값은 뒤표지에 표시되어 있습니다.
*이 시집은 문화체육관광부, 한국장애인문화예술원의 후원을 받아 2020년 장애인 문화예술 지원사업의 일환으로 발간되었습니다.

문화체육관광부 Ministry of Culture, Sports and Tourism
한국장애인문화예술원 Korea Disability Arts & Culture Center